AF248572

ESPASA
JUVENIL
POESÍA

ESPASA JUVENIL

POESÍA

Ronda de astros

GABRIELA MISTRAL

50

ESPASA JUVENIL

Directora de colección: Nuria Esteban Sánchez
Diseño de colección: Juan Pablo Rada
Ilustración de cubierta: Fernando Gómez
Ilustraciones de interior: Luis de Horna
Selección de poemas: Federico Martín Nebras

© Espasa Calpe, S. A.
© Provincia Franciscana de la Santísima Trinidad, Santiago de Chile

Primera edición: septiembre, 1992
Cuarta edición: marzo, 2000

Depósito legal: M. 10.876-2000
I.S.B.N.: 84-239-9019-2

Espasa, en su deseo de mejorar sus publicaciones, agradecerá cualquier sugerencia que los lectores hagan al departamento editorial por correo electrónico: sugerencias@espasa.es

Impreso en España/Printed in Spain
Impresión: Huertas, S. A.

Editorial Espasa Calpe, S. A.
Carretera de Irún, km 12,200. 28049 Madrid

Gabriela Mistral, la autora, nació en Vicuña, valle de Elqui, Chile, el 7 de abril de 1889.

Su nombre de pila, Lucila Godoy Alcayaga, lo cambió por Gabriela Mistral en homenaje a los poetas Gabriel d'Annunzio y Federico Mistral.

Empezó a trabajar como maestra rural a los quince años, también su padre y su hermana eran maestros, y llegó a ocupar importantes puestos directivos no sólo en su patria, sino en otros países como México, donde participó en la reforma de la educación rural.

Representó a Chile en el Comité de Cooperación Intelectual de la Liga de las Naciones y ocupó cargos consulares en diferentes países de Europa y Estados Unidos.

Gabriela se consideraba hija de campesinos y una más entre ellos. Disfrutaba coleccionando toda clase de chucherías: ciervos de loza, figuritas de cristal y piedras de colores... Le gustaban las flores y los árboles: «Donde haya que plantar un árbol plántalo tú», decía a los jóvenes.

Su obra poética se compone de cuatro libros: Desolación, Ternura, Tala y Lagar.

En 1945 recibió el premio Nobel de Literatura.

Murió en Nueva York el 10 de enero de 1957.

Su cuerpo fue trasladado a Chile y enterrado en Montegrande, como ella siembre deseó.

Índice

Gabriela Mistral, la voz a trenzar

Ésta que era una niña de cera,
pero no era una niña de cera,
era una gavilla parada en la era...

Se llamaba Lucila, pero no, se llamaría Gabriela, y había nacido en Vicuña, Chile, allá por el Valle de Elqui, ceñido de cien montañas o de más.

Era su madre pequeñita, como la menta o la hierba, y apenas si echaba sombra sobre las cosas, apenas. Tenía una boca múltiple de diosa hindú, y tejía y destejía sueños.

Duérmete Lucila
que el mundo está en calma
ni el cordero brinca
ni la oveja bala.

Canciones de cuna, coloquios nocturnos de la madre con su alma, con su hija. Más tarde confesaría Lucila

(Gabriela) que los «arrorrós» que le gustaban más eran los disparatados, aquellos en los que la lógica se aveta con cajas destempladas:

> *La rosa, digo:*
> *digo el clavel.*
> *La fruta, digo,*
> *y digo que la miel;*

La letra de la canción que iba desde la zumbanería hasta el patético, haciendo un zigzag de jugarreta y de angustia, de bromas y ansiedades. Canciones, que llevarían a Lucila al juego de las Albricias, y que años más tarde Gabriela recreó:

> *Que mi dedito lo cogió una almeja,*
> *y que la almeja se cayó en la arena,*
> *y que la arena se la tragó el mar.*
> *Y que del mar la pescó un ballenero*
> *y el ballenero llegó a Gibraltar.*

Albricias, que más tarde llamó «jugarretas», y que como en su niñez seguían teniendo el sentido de suerte, hallazgo o regalo.

Gabriela estaba convencida de que el folclore es, por excelencia, la literatura de los niños, y de que los pueblos ayunos de él conquistarían muy tarde el género. Poesía folclórica rítmica, ciento por ciento rítmica, acaso porque el cantor popular conoce mejor que nadie el hecho de que la estrofa es, sobre toda cosa, una celdilla de música, una vaina de ritmos, viento que lleva las nubes y las vuelve...

Y poco más allá de su adolescencia, Lucila Godoy Alcayaga, se mudó en Gabriela Mistral, nombre de arcángel con apellido de viento. Atrás quedaron las trenzas de sus siete años: el ausente padre, viajero fervoroso entre los salmos de David; y una abuela que recitaba la Biblia mientras bordaba.

Pero Gabriela no olvidará, sobre todo, aquellas palabras, mimos, versos juguetones de la madre, canciones que nombraban las cosas de la tierra: cerros, pueblos, frutos, bestiecitas del campo... Enumeraciones poéticas para domiciliar a una niña en el mundo.

«De las enseñanzas que me diste, madre, una se adentró muy hondo: la de devolver. Así yo he hecho las canciones de cuna tuyas y ninguna otra más quisiera hacer.»

El niño ama el ritmo hasta un punto insospechado: lo canta con su cuerpo, lo baila en el patio, lo bracea, lo pernea. Se da enterito, como la marea, como el viento, como la respiración.

Cantos y juegos de corro, en círculo de manos apretadas, para ser uno y ninguno en la rueda, en la ronda invocadora de astros y flores, para ser y no estar en el coro de voces y destinos.

Vinimos buscando y buscando
por viñas, majadas, pinar
y todos se unieron cantando
y el corro hace el valle blanquear.

Gabriela es una niña. Y la niña va derecho a lo caliente, lo ágil; es una fragua de fuegos primordiales... Y latir de colores.

Cuando el azul deshoja
sigue el verde danzador,
verde-trébol, verde-oliva,
y el gayo verde-limón.

Le gusta mucho escribir cartas que ella llama «recados». Reciben los maestros y maestras del mundo estos «nuevos recados» como regalos.

En algunas ocasiones ha escrito siguiendo un ritmo recogido en un caño que iba por la calle, o siguiendo los ruidos de la naturaleza.

Una definición de la clase de poesía que el niño quiere podría ser esta: «poesía que si no se canta podría cantarse».

«El poema para niños no puede ser muy largo, a menos que se trate de anécdota heroica o religiosa; ha de qudarse en cantos o porciones cabales de sentido; ha de tener los ritmos tan exactos como los de su arquetipo melódico y han de ser sus temas de una emocionalidad desnuda como una entraña.»

En un principio la poesía es rumor, el rumor es acogido por el oído de los niños; la poesía pasa al cuerpo; el cuerpo mide el rumor y lo convierte en poesía medida y el rumor que permanece se esconde en las rimas.

La poesía ya está incorporada, y se recita, se lee y se juega, para ser difinitivamente vivida.

Empezar siempre memorizando, comenzar:

Los astros son rondas de niños,
jugando la tierra a espiar...

Cogidos de la mano dando vueltas sin parar, pues en los juegos de corros (redondo redondel) todos son nadie: ella, yo, tú y él. Juegos de rondas para ser todos, uno y ninguno a la vez, y sólo, dando vueltas, cada cual se encontrará con cada quien y el milagro surgirá de las sílabas contadas, que empezamos leyendo por los pies; y el cuerpo que se inunda de sonidos y reinventa el corazón; y el corazón, a la boca, fuente del rumor, y de la boca al aire a quien la rima da orla y voz.

Memorizar y repetir hasta llegar a ser ronda-boca, ronda-pozo, redondo-caracol, rondo-redondo-redondel.

Cuerpos rimados, cuerpos ritmados: ya cada cual es cada uno, y cada uno, cada quien.

...Y de la mano del aire, vienen las «¡Albricias!»:

Las «¡Albricias!» vienen en forma de «Jugarretas»: y el aire que devuelve las palabras (encadenadas), para empezar de nuevo, y el poema crece (y...) como un árbol, un río o una casa..., y llega a las manos de las niñas (Lucillas) y de los niños (Gabrieles) que juegan, inventan y logran precisos ritmos en forma de poemas-cuentos:

Que un niño escribió un cuento y que el cuento se perdió en el bosque, y que el bosque...

Y rezan (recitan) y cantan y juegan con los versos-cuentos; y sus ojos contemplan asombrados:

El ojo ya no es blanco, es verde, violeta, azul o limón, como la voz; y los ojos pintan y la voz matiza las palabras, que desde antiguo, nombraron las cosas de su América, las palabras de siempre: Paihuano, Caguaz, Olinalá, Tihuantisuyo, Pachacamac...

Y sus metales:

Y sus frutos:

> *El santo maíz sube*
> *en un ímpetu verde,*
> *y dormido se llena*
> *de tórtolas ardientes.*

Porque los frutos, tal vez, se parecen a los libros de poesía. Valen, a veces, por un tendal de fresas, por una granada recia y fina, por una cereza...

Federico Martín Nebrás.

Poemas

El pavo real

Que sopló el viento y se llevó las nubes
y que en las nubes iba un pavo real,
que el pavo real era para mi mano
y que la mano se me va a secar,
y que la mano le di esta mañana
al rey que vino para desposar.

¡Ay que el cielo, ay que el viento, y la nube
que se van con el pavo real!

La rata

Una rata corrió a un venado
y los venados al jaguar,
y los jaguares a los búfalos,
y los búfalos a la mar...

¡Pillen, pillen a los que se van!
¡Pillen a la rata, pillen al venado,
pillen a los búfalos y a la mar!

Miren que la rata de la delantera
se lleva en las patas lana de bordar,
y con la lana bordo mi vestido
y con el vestido me voy a casar.

Suban y pasen la llanada,
corran sin aliento, sigan sin parar,
vuelen por la novia, y por el cortejo,
y por la carroza y el velo nupcial.

El papagayo

El papagayo verde y amarillo,
el papagayo verde y azafrán,
me dijo «fea» con su habla gangosa
y con su pico que es de Satanás.

Yo no soy fea, que si fuese fea,
fea es mi madre parecida al sol,
fea la luz en que mira mi madre
y feo el viento en que pone su voz,
y fea el agua en que cae su cuerpo
y feo el mundo y El que lo crió...

El papagayo verde y amarillo,
el papagayo verde y tornasol,
me dijo «fea» porque no ha comido
y el pan con vino se lo llevo yo,
que ya me voy cansando de mirarlo
siempre colgado y siempre tornasol...

La pajita

Esta que era una niña de cera;
pero no era una niña de cera,
era una gavilla parada en la era.
Pero no era una gavilla,
sino la flor tiesa de la maravilla*.
Tampoco era la flor, sino que era
un rayito de sol pegado a la vidriera.
No era un rayito de sol siquiera:
una pajita dentro de mis ojitos era.

¡Alléguense a mirar cómo he perdido entera,
en este lagrimón, mi fiesta verdadera!

---

* Todas las palabras con asterisco figuran en un glosario a final del libro.

La manca

Que mi dedito lo cogió una almeja,
y que la almeja se cayó en la arena,
y que la arena se la tragó el mar.
Y que del mar la pescó un ballenero
y el ballenero llegó a Gibraltar;
y que en Gibraltar cantan pescadores:
«Novedad de tierra sacamos del mar,
novedad de un dedito de niña.
¡La que esté manca lo venga a buscar!»

Que me den un barco para ir a traerlo,
y para el barco me den capitán,
para el capitán que me den soldada,
y que por soldada pido la ciudad:
Marsella con torres y plazas y barcos
de todo el mundo la mejor ciudad,
que no será hermosa con una niñita
a la que robó su dedito el mar,
y los balleneros en pregones cantan
y están esperando sobre Gibraltar...

Hallazgo

Me encontré este niño
cuando al campo iba:
dormido lo he hallado
en unas espigas...

O tal vez ha sido
cruzando la viña:
buscando los pámpanos
topé su mejilla...

Y por eso temo,
al quedar dormida,
se evapore como
la helada en las viñas...

Corderito

Corderito mío,
suavidad callada:
mi pecho es tu gruta
de musgo afelpada.

Carnecita blanca,
tajada de luna:
lo he olvidado todo
por hacerme cuna.

Me olvidé del mundo
y de mí no siento
más que el pecho vivo
con que te sustento.

Yo sé de mí solo
que en mí te recuestas.
Tu fiesta, hijo mío,
apagó las fiestas.

Encantamiento

Este niño es un encanto
parecido al fino viento:
si dormido lo amamanto,
que me bebe yo no siento.

Es más travieso que el río
y más suave que la loma:
es mejor el hijo mío
que este mundo al que se asoma.

Es más rico, más, mi niño
que la tierra y que los cielos:
en mi pecho tiene armiño
y en mi canto terciopelos...

Y es su cuerpo tan pequeño
como el grano de mi trigo;
menos pesa que su sueño;
no se ve y está conmigo.

Apegado a mí

Velloncito de mi carne,
que en mi entraña yo tejí,
velloncito friolento,
¡duérmete apegado a mí!

La perdiz duerme en el trébol
escuchándome latir:
no te turben mis alientos,
¡duérmete apegado a mí!

Hierbecita temblorosa
asombrada de vivir,
no te sueltes de mi pecho:
¡duérmete apegado a mí!

Yo que todo lo he perdido
ahora tiemblo de dormir.
No resbales de mi brazo:
¡duérmete apegado a mí!

Con tal que te duermas

La rosa colorada
cogida ayer;
el fuego y la canela
que llaman clavel;

el pan horneado
de anís con miel,
y el pez de la redoma
que la hace arder:

todito tuyo,
hijito de mujer,
con tal que quieras
dormirte de una vez.

La rosa, digo:
digo el clavel.
La fruta, digo,
y digo que la miel;

y el pez de luces
y más y más también,
¡con tal que duermas
hasta el amanecer!

Canción de pescadoras

Niñita de pescadores
que con viento y olas puedes,
duerme pintada de conchas,
garabateada de redes.

Duerme encima de la duna
que te alza y que te crece,
oyendo la mar-nodriza
que a más loca mejor mece.

La red me llena la falda
y no me deja tenerte,
porque si rompo los nudos
será que rompo tu suerte...

Duérmete mejor que lo hacen
las que en la cuna se mecen,
la boca llena de sal
y el sueño lleno de peces.

Dos peces en las rodillas,
uno plateado en la frente
y en el pecho, bate y bate,
otro pez incandescente...

Botoncito

Yo tenía un botoncito
aquí, junto al corazón.
Era blanco y pequeñito
como el grano del arroz.

De la luz lo defendía
en la hora del calor.
Yo tenía un botoncito
apegado al corazón.

Fue creciendo, fue creciendo
y mi sombra la pasó.
Fue tan alto como un árbol
y su frente como el sol.

Fue creciendo, fue creciendo
y el regazo me llenó;
y se fue por los caminos
como arroyo cantador...

Lo he perdido, y así canto
por mecerme mi dolor:
«¡Yo tenía un botoncito
apegado al corazón!»

La cuna

Carpintero, carpintero,
haz la cuna de mi infante.
Corta, corta los maderos,
que yo espero palpitante.

Carpintero, carpintero,
baja el pino del repecho,
y lo cortas en la rama
que es tan suave cual mi pecho.

Carpintero ennegrecido,
fuiste, fuiste criatura.
Al recuerdo de tu madre,
labras cunas con dulzura.

Carpintero, carpintero,
mientras yo a mi niño arrullo,
que se duerma en esta noche
sonriendo el hijo tuyo...

El establo

Al llegar la medianoche
y al romper en llanto el Niño,
las cien bestias despertaron
y el establo se hizo vivo.

Y se fueron acercando,
y alargaron hasta el Niño
los cien cuellos anhelantes
como un bosque sacudido.

Bajó un buey su aliento al rostro
y se lo exhaló sin ruido,
y sus ojos fueron tiernos
como llenos de rocío.

Una oveja lo frotaba,
contra su vellón suavísimo,
y las manos le lamían,
en cuclillas, dos cabritos...

Las paredes del establo
se cubrieron sin sentirlo
de faisanes, y de ocas,
y de gallos, y de mirlos.

Los faisanes descendieron
y pasaban sobre el Niño
la gran cola de colores:
y las ocas de anchos picos,

arreglábanle las pajas;
y el enjambre de los mirlos
era un velo palpitante
sobre el recién nacido...

Y la Virgen, entre cuernos
y resuellos blanquecinos,
trastocada iba y venía
sin poder coger al Niño.

Y José llegaba riendo
a acudir a la sin tino.
Y era como bosque al viento
el establo conmovido...

Canción quechua

Donde fue Tihuantisuyo*,
nacían los indios.
Llegábamos a la puna
con danzas, con himnos.

Silbaban quenas, ardían
dos mil fuegos vivos.
Cantaban Coyas* de oro
y Amautas* benditos.

Bajaste ciego de soles,
volando dormido,
para hallar viudos los aires
de llama y de indio.

Y donde eran maizales
ver subir el trigo
y en lugar de las vicuñas*
topar los novillos.

¡Regresa a tu Pachacamac*,
En-Vano-Venido,
Indio loco, Indio que nace,
pájaro perdido!

Arrullo patagón

A doña Graciela de Menéndez.

Nacieron esta noche
por las quebradas
liebre rojiza,
vizcacha* parda.

Manar se oyen dos leches
que no manaban,
y en el aire se mueven
colas y espaldas.

¡Ay, quién saliese,
ay, quién acarreara
en brazo y brazo
la liebre, la vizcacha!

Pero es la noche
ciega y apretujada
y me pierdo por cuevas
y por aguadas.

Me quedo oyendo
las albricias que llaman:
sorpresas, miedos,
pelambres enrolladas;

    sintiendo dos alientos
que no alentaban,
tanteando en agujeros
cosas trocadas.

    Hasta que venga el día
que busca y halla
y quebrando los pastos
las cargue y traiga…

Niño mexicano

Estoy en donde no estoy,
en el Anáhuac* plateado,
y en su luz como no hay otra
peino un niño de mis manos.

En mis rodillas parece
flecha caída del arco,
y como flecha lo afilo
meciéndolo y canturreando.

En luz tan vieja y tan niña
siempre me parece hallazgo,
y lo mudo y lo volteo
con el refrán que le canto.

Me miran con vida eterna
sus ojos negri-azulados,
y como en costumbre eterna,
yo lo peino de mis manos.

Resinas de pino-ocote*
van de su nuca a mis brazos,
y es pesado y es ligero
de ser la flecha sin arco...

Lo alimento con un ritmo,
y él me nutre de algún bálsamo
que es el bálsamo del maya
del que a mí me despojaron.

Yo juego con sus cabellos
y los abro y los repaso,
y en sus cabellos recobro
a los mayas dispersados.

Hace doce años dejé
a mi niño mexicano;
pero despierta o dormida
yo lo peino de mis manos...

¡Es una maternidad
que no me cansa el regazo,
y es un éxtasis que tengo
de la gran muerte librado!

Mi canción

Mi propia canción amante
que sin brazos acunaba
una noche entera esclava
   ¡cántenme!

La que bajaba cargando
por el Ródano o el Miño,
sueño de mujer o niño
   ¡cántenme!

La canción que yo prestaba
al despierto y al dormido
ahora que me han herido
¡cántenme!

La canción que yo cantaba
como una suelta vertiente
y que sin bulto salvaba
¡cántenme!

Para que ella me levante
con brazo de Arcángel fuerte
y me alce de mi muerte
¡cántenme!

La canción que repetía
rindiendo a noche y a muerte
ahora por que me liberte
¡cántenme!

Esta hoja en blanco espera tu poema
¿Quién desea entregar el color de un poema?

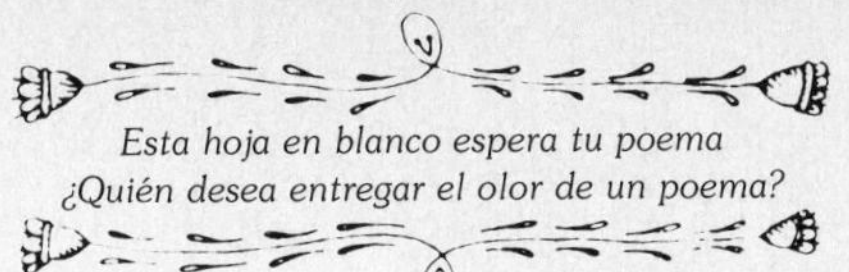

Esta hoja en blanco espera tu poema
¿Quién desea entregar el olor de un poema?

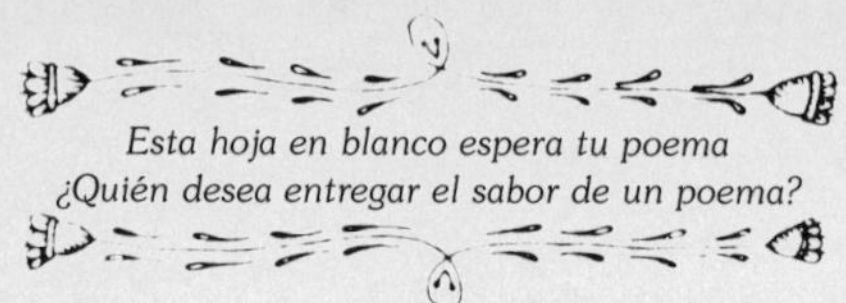

Esta hoja en blanco espera tu poema
¿Quién desea entregar el sabor de un poema?

Invitación

¿Qué niño no quiere la ronda
que está en las colinas venir?
Aquellos que se rezagaron
se ven por la cuesta subir.

Vinimos buscando y buscando
por viñas, majadas, pinar,
y todos se unieron cantando,
y el corro hace el valle blanquear…

¿En dónde tejemos la ronda?

¿En dónde tejemos la ronda?
¿La haremos a orillas del mar?
El mar danzará con mil olas
haciendo una trenza de azahar.

¿La haremos al pie de los montes?
El monte nos va a contestar.
¡Será cual si todas quisiesen,
las piedras del mundo, cantar!

¿La haremos, mejor, en el bosque?
La voz y la voz a trenzar,
y cantos de niños y de aves
se irán en el viento a besar.

¡Haremos la ronda infinita!
¡La iremos al bosque a trenzar,
la haremos al pie de los montes
y en todas las playas del mar!

Dame la mano

A Tasso de Silveira.

Dame la mano y danzaremos;
dame la mano y me amarás.
Como una sola flor seremos,
como una flor, y nada más...

El mismo verso cantaremos,
al mismo paso bailarás.
Como una espiga ondularemos,
como una espiga, y nada más.

Te llamas Rosa y yo Esperanza;
pero tu nombre olvidarás,
porque seremos una danza
en la colina, y nada más...

Ronda de los colores

Azul loco y verde loco
del lino en rama y en flor.
Mareando de oleadas
baila el lindo azuleador.

Cuando el azul se deshoja,
sigue el verde danzador:
verde-trébol, verde-oliva
y el gayo verde-limón:

¡Vaya hermosura!
¡Vaya el Color!

Rojo manso y rojo bravo
—rosa y clavel reventón—.
Cuando los verdes se rinden,
él salta como un campeón.

Bailan uno tras el otro,
no se sabe cuál mejor,
y los ojos bailan tanto
que se queman en su ardor.

¡Vaya locura!
¡Vaya el Color!

El amarillo se viene
grande y lleno de fervor
y le abren paso todos
como viendo a Agamenón.

A lo humano y lo divino
baila el santo resplandor:
aromas gajos dorados
y el azafrán volador.

   ¡Vaya delirio!
¡Vaya el Color!

   Y por fin se van siguiendo
al pavo-real del sol,
que los recoge y los lleva
como un padre o un ladrón.

   Mano a mano con nosotros
todos eran, ya no son:
¡El cuento del mundo muere
al morir el Contador!

Los que no danzan

Una niña que es inválida
dijo: «¿Cómo danzo yo?»
Le dijimos que pusiera
a danzar su corazón…

Luego dijo la quebrada:
«¿Cómo cantaría yo?
Le dijimos que pusiera
a cantar su corazón…

Dijo el pobre cardo muerto:
«¿Cómo danzaría yo?»
Le dijimos: «Pon al viento
a volar tu corazón…»

Dijo Dios desde la altura:
«¿Cómo bajo del azul?»
Le dijimos que bajara
a danzarnos en la luz.

Todo el valle está danzando
en un corro bajo el sol.
A quien falte se le vuelve
de ceniza el corazón…

Ronda del arco-iris

A Fryda Schultz de Mantovani.

La mitad de la ronda
estaba y no está.
La ronda fue cortada
mitad a mitad.

Paren y esperen
a lo que ocurrirá.
¡La mitad de la ronda
se echó a volar!

¡Qué colores divinos
se vienen y se van!
¡Qué faldas en el viento,
qué lindo revolar!

Está de cerro a cerro
baila que bailarás.
Será jugada o trueque,
o que no vuelve más.

Mirando hacia lo alto
todas ahora están,
una mitad llorando,
riendo otra mitad.

   ¡Ay, mitad de la rueda,
ay, bajad y bajad!
O nos lleváis a todas
si acaso no bajáis.

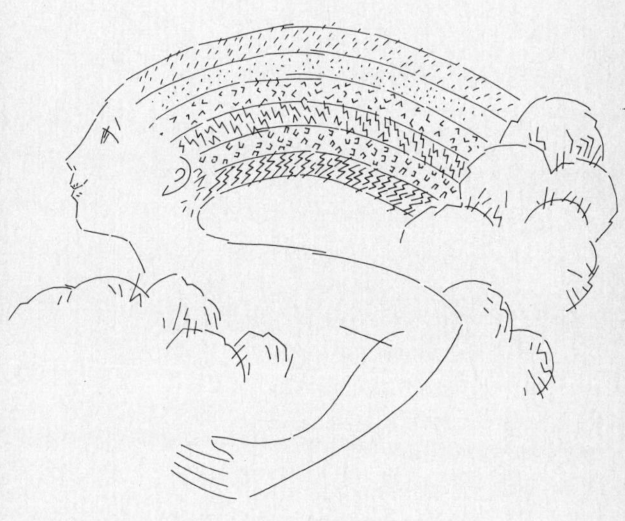

Ronda de los aromas

Albahaca del cielo
malva de olor,
salvia dedos azules,
anís desvariador.

Bailan atarantados
a la luna o al sol,
volando cabezuelas,
talles y color.

Las zamarrea el viento,
las abre el calor,
las palmotea el río,
las aviva el tambor.

Cuando es que las mandaron
a ser matas de olor,
todas dirían «¡Sí!»
y gritarían «¡Yo!»

La menta va al casorio
del brazo del cedrón*
y atrapa la vainilla
al clavito de olor.

Bailemos a los locos
y locas del olor.
Cinco semanas, cinco,
les dura el esplendor.
¡Y no mueren de muerte,
que se mueren de amor!

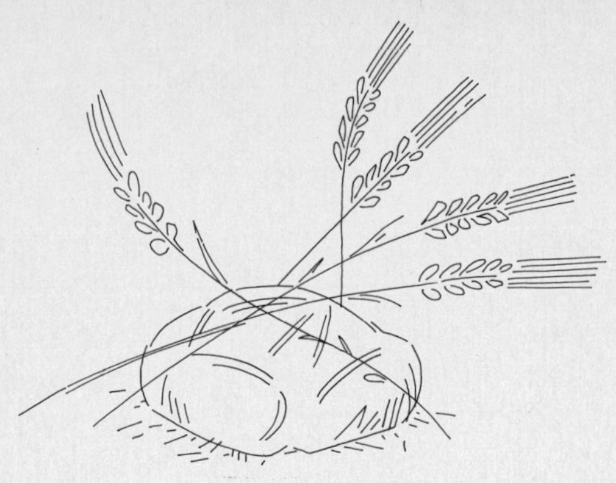

Ronda de segadores

A Marcos F. Ayerza.

Columpiamos el santo
perfil del pan,
voleando la espiga
de Canaán.

Los brazos segadores
se vienen y se van.
La tierra de Argentina
tiembla de pan.

A pan segado huele
el pecho del jayán,
a pan su padrenuestro,
su sangre a pan.

Alcanza a la cintura
el trigo capitán.
Los brazos segadores
los lame el pan.

El silbo de las hoces
es único refrán,
y el fuego de las hoces
no quema al pan.

*Matamos a la muerte
que baja en gavilán,
braceando y cantando
la ola del pan.*

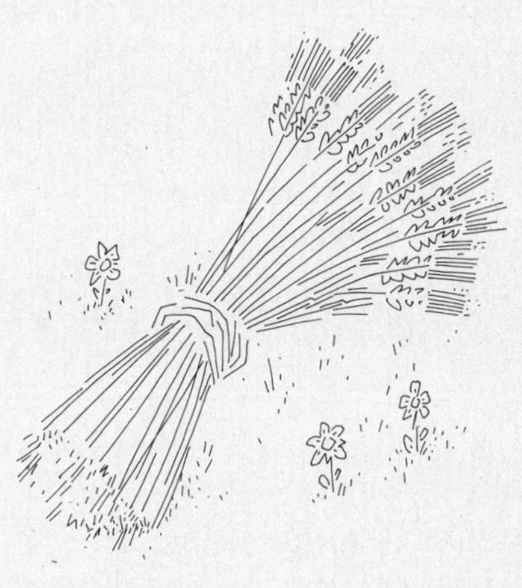

Todo es ronda

Los astros son rondas de niños,
jugando la tierra a espiar...
Los trigos son talles de niñas
jugando a ondular..., a ondular...

Los ríos son rondas de niños
jugando a encontrarse en el mar...
La olas son rondas de niñas
jugando la Tierra a abrazar...

Miedo

Yo no quiero que a mi niña
golondrina me la vuelvan.
Se hunde volando en el cielo
y no baja hasta mi estera;
en el alero hace nido
y mis manos no la peinan.
Yo no quiero que a mi niña
golondrina me la vuelvan.

Yo no quiero que a mi niña
la vayan a hacer princesa.
Con zapatitos de oro
¿cómo juega en las praderas?
Y cuando llegue la noche
a mi lado no se acuesta…
Yo no quiero que a mi niña
la vayan a hacer princesa.

Y menos quiero que un día
me la vayan a hacer reina.
La pondrían en un trono
adonde mis pies no llegan.
Cuando viniese la noche
yo no podría mecerla…
¡Yo no quiero que a mi niña
me la vayan a hacer reina!

La cajita de Olinalá*

A Emma y Daniel Cossío.

I

Cajita mía
de Olinalá,
palo-rosa*,
jacarandá*.

Cuando la abro
de golpe da
su olor de Reina
de Sabá.

¡Ay, bocanada
tropical:
clavo, caoba
y el copal!*

H.

La pongo aquí,
la dejo allá;
por corredores
viene y va.

Hierve de grecas
como un país:
nopal*, venado,
codorniz,

los volcanes
de gran cerviz
y el indio aéreo
como el maíz.

Así la pintan,
así, así,
dedos de indio
o colibrí;

y así la hace
de cabal
mano azteca,
mano quetzal*.

II

Cuando la noche
va a llegar,
porque me guarde
de su mal,

me la pongo
de cabezal
donde otros ponen
su metal.

Lindos sueños
que hace soñar;
hace reír,
hace llorar...

Mano a mano
se pasa el mar,
sierras mellizas*
campos de arar.

Se ve al Anáhuac*
rebrillar,
la bestia-Ajusco*
que va a saltar,

y por el rumbo
que lleva al mar,
a Quetzalcoatl*
se va a alcanzar.

Ella es mi hálito,
yo, su andar;
ella, saber,
yo, desvariar.

Y paramos
como el maná
donde el camino
se sobra ya,

donde nos grita
un ¡halalá!
el mujerío
de Olinalá.

La fresa

La fresa desperdigada
en el tendal de las hojas,
huele antes de cogida;
antes de vista se sonroja…
La fresa, sin ave picada,
que el rocío del cielo moja.

No magulles a la tierra,
no aprietes a la olorosa.
Por el amor de ella abájate,
huélela y dale la boca.

Fruta

En el pasto blanco de sol,
suelto la fruta derramada.

De los Brasiles viene el oro,
en prietos mimbres donde canta
de los Brasiles, niño mío,
mandan la siesta arracimada.
Extiendo el rollo de la gloria;
rueda el color con la fragancia.

Gateando sigues las frutas,
como niñas que se desbandan,
y son los nísperos fundidos
y las duras piñas tatuadas...

Y todo huele a los Brasiles
pecho del mundo que lo amamanta;
que, a no tener el agua atlántica,
rebosaría de su falda...

Tócalas, bésalas, voltéalas
y les aprendes todas sus caras.
Soñarás, hijo, que tu madre
tiene facciones abrasadas,
que es la noche canasto negro
y que es frutal la Vía Láctea…

Doña Primavera

Doña Primavera
viste que es primor,
viste en limonero
y en naranjo en flor.

Lleva por sandalias
unas anchas hojas,
y por caravanas
unas fucsias rojas.

Salid a encontrarla
por esos caminos.
¡Va loca de soles
y loca de trinos!

Doña Primavera
de aliento fecundo,
se ríe de todas
las penas del mundo...

No cree al que le hable
de las vidas ruines.
¿Cómo va a toparlas
entre los jazmines?

¿Cómo va a encontrarlas
junto de las fuentes
de espejos dorados
y cantos ardientes?

De la tierra enferma
en las pardas grietas,
enciende rosales
de rojas piruetas.

Pone sus encajes,
prende sus verduras,
en la piedra triste
de las sepulturas...

Doña Primavera
de manos gloriosas,
haz que por la vida
derramemos rosas:

Rosas de alegría,
rosas de perdón,
rosas de cariño,
y de exultación.

Verano

Verano, verano rey,
del abrazo incandescente,
sé para los segadores,
¡dueño de hornos! más clemente.

Abajados y doblados
sobre sus pobres espigas,
ya desfallecen. ¡Tú manda
un viento de alas amigas!

Verano, la tierra abrasa:
llama tu sol allá arriba;
llama tu granada abierta;
y el segador, llama viva.

Las vides están cansadas
del producir abundoso,
y el río corre en huida
de tu castigo ardoroso.

Mayoral rojo, verano,
el de los hornos ardientes,
no te sorbas la frescura
de las frutas y las fuentes...

¡Caporal, echa un pañuelo
de nube y nube tendidas,
sobre la vendimiadora,
de cara y manos ardidas!

Canción del maizal

I

El maizal canta en el viento
verde, verde de esperanza.
Ha crecido en treinta días:
su rumor es alabanza.

Llega, llega al horizonte,
sobre la meseta afable,
y en el viento ríe entero
con su risa innumerable.

II

El maizal gime en el viento
para trojes* ya maduro;
se quemaron sus cabellos
y se abrió su estuche duro.

Y su pobre manto seco
se le llena de gemidos:
el maizal gime en el viento
con su manto desceñido.

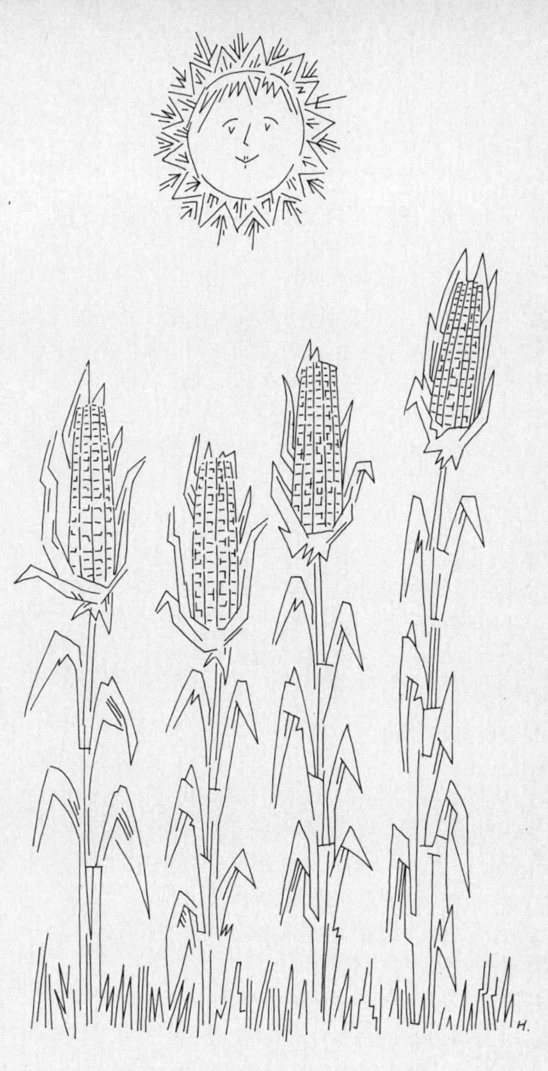

III

Las mazorcas del maíz
a niñitas se parecen:
diez semanas en los tallos
bien prendidas que se mecen.

Tienen un vellito de oro
como de recién nacido
y unas hojas maternales
que les celan el rocío.

Y debajo de la vaina,
como niños escondidos,
con sus dos mil dientes de oro
ríen, ríen sin sentido…

Las mazorcas del maíz
a niñitas se parecen:
en las cañas maternales
bien prendidas que se mecen.

Él descansa en cada troje
con silencio de dormido;
va soñando, va soñando
un maizal recién nacido.

¿Quién desea entregar el color de un poema?

La *medianoche*

Fina, la medianoche.
Oigo los nudos del rosal:
la savia empuja subiendo a la rosa.

Oigo
las rayas quemadas del tigre
real: no le dejan dormir.

Oigo
la estrofa de uno,
y le crece en la noche
como la duna.

Oigo
a mi madre dormida
con dos alientos.
(Duermo yo en ella,
de cinco años.)

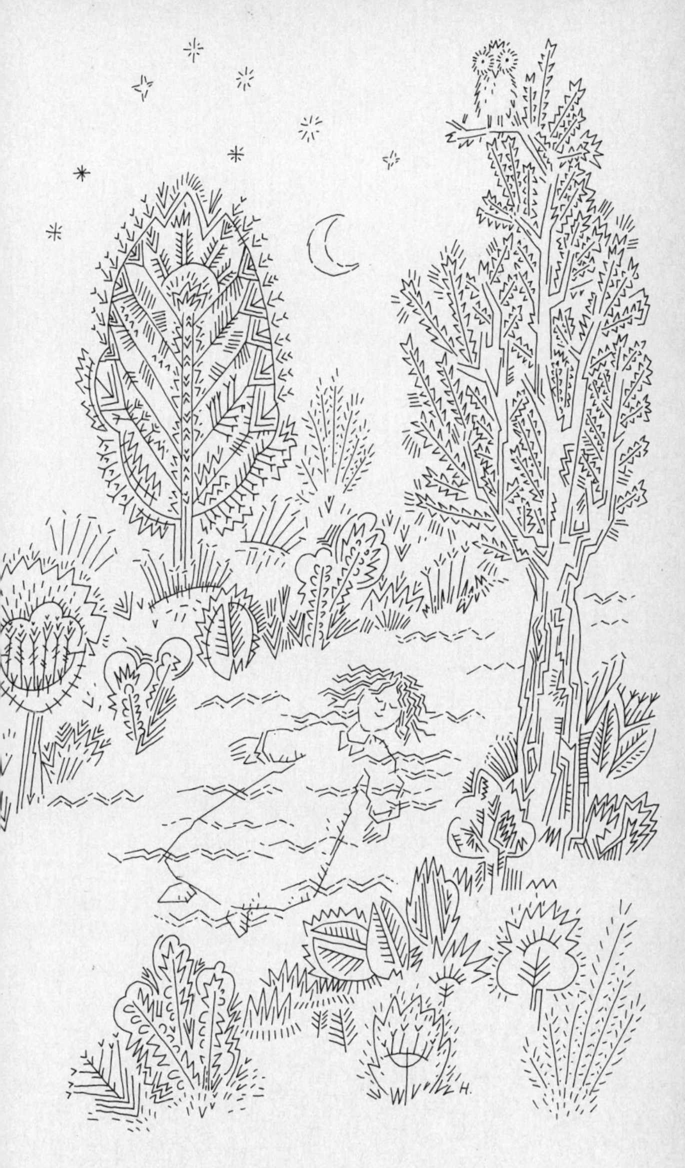

Oigo el Ródano
que baja y que me lleva como un padre
ciego de espuma ciega.

Y después nada oigo
sino que voy cayendo
en los muros de Arlés,
llenos de sol...

Romance de Nochebuena

Vamos a buscar
dónde nació el Niño:
nació en todo el mundo,
ciudades, caminos...

Tal vez caminando
lo hallemos dormido
en la era más alta
debajo del trigo...

O está en estas horas
llorando caidito
en la mancha espesa
de un montón de lirios.

A Belén nos vamos.
Jesús no ha querido
estar derramado
por campo y caminos.

Su madre es María,
pero ha consentido
que esta noche todos
le mezan al Niño.

Lo tiene Lucía,
lo mece Francisco
y mama en el pecho
de Juana, suavísimo.

Vamos a buscarlo
por esos caminos:
¡todos en pastores
somos convertidos!

Gritando la nueva
los cerros subimos
¡y vivo parece
de gente el camino!

Jesús ha llegado
y todos dormimos
esta noche sobre
su pecho ceñidos.

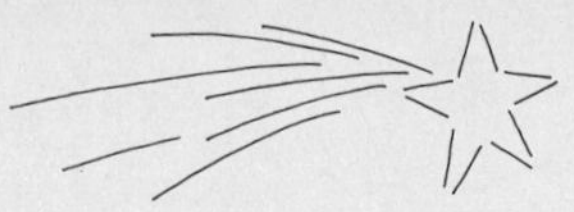

Estrella de Navidad

La niña que va corriendo
atrapó y lleva una estrella.
Va que vuela y va doblando
matas y bestias que encuentra.

Ya se le queman las manos,
se cansa, trastabillea,
tropieza, cae de bruces,
y con ella se endereza...

No se le queman las manos,
ni se le rompe la estrella
aunque ardan desde la cara
brazos, pecho, cabellera.

Llamea hasta la cintura
la gritan y no la suelta,
manotea sancochada*,
pero no suelta la estrella.

Como que la va sembrando
que la zumba y la volea.
Como que se les deshace
y se queda sin estrella.

No fue que cayó, no fue.
Era que quedó sin ella
y es que ya corre sin cuerpo,
trocada y vuelta centella.

Como que el camino enciende
y que nos arden las trenzas
y todas la recibimos
porque arde toda la Tierra.

¿Quién desea entregar el sabor de un poema?

Palomas

En la azotea de mi siesta
y al mediodía que la agobia,
dan conchitas y dan arenas
las pisadas de las palomas...

La siesta blanca, la casa terca
y la enferma que abajo llora,
no oyen anises ni pespuntes
de estas pisadas de palomas.

Levanto el brazo con el trigo,
vieja madre consentidora,
y entonces canta y reverbera
mi cuerpo lleno de palomas.

Tres me sostengo todavía
y les oigo la lucha ronca,
hasta que vuelan aventadas
y me queda paloma sola...

No sé las voces que me llaman
ni la siesta que me sofoca;
¡epifanía de mi falda,
Paloma, Paloma!

A las nubes

Nubes vaporosas,
nubes como tul,
llevad l'alma mía
por el cielo azul.

¡Lejos de la casa
que me ve sufrir,
lejos de estos muros
que me ven morir!

Nubes pasajeras,
llevadme hacia el mar,
a escuchar el canto
de la pleamar
y entre la guirnalda
de olas a cantar.

Nubes, flores, rostros,
dibujadme a aquel
que ya va borrándose
por el tiempo infiel.
Mi alma se pudre
sin el rostro de él.

Nubes que pasáis,
nubes, detened
sobre el pecho mío
la fresca merced.
¡Abiertos están
mis labios de sed!

Todas íbamos a ser reinas

Todas íbamos a ser reinas,
de cuatro reinos sobre el mar:
Rosalía con Efigenia
y Lucila con Soledad.

En el valle de Elqui*, ceñido
de cien montañas o de más,
que como ofrendas o tributos
arden en rojo y azafrán.

Lo decíamos embriagadas,
y lo tuvimos por verdad,
que seríamos todas reinas
y llegaríamos al mar.

Con las trenzas de los siete años,
y batas claras de percal,
persiguiendo tordos huidos
en la sombra del higueral.

De los cuatro reinos, decíamos,
indudables como el Korán,
que por grandes y por cabales
alcanzarían hasta el mar.

Cuatro esposos desposarían,
por el tiempo de desposar,
y eran reyes y cantadores
como David, rey de Judá.

Y de ser grandes nuestros reinos,
ellos tendrían, sin faltar,
mares verdes, mares de algas,
y el ave loca del faisán.

Y de tener todos los frutos,
árbol de leche*, árbol del pan*,
el guayacán* no cortaríamos
ni morderíamos metal.

Todas íbamas a ser reinas,
y de verídico reinar;
pero ninguna ha sido reina
ni en Arauco* ni en Copán*...

Rosalía besó marino
ya desposado con el mar,
y al besador, en las Guaitecas*,
se lo comió la tempestad.

Soledad crió siete hermanos
y su sangre dejó en su pan,
y sus ojos quedaron negros
de no haber visto nunca el mar.

En las viñas de Montegrande*,
con su puro seno candeal,
mece los hijos de otras reinas
y los suyos nunca-jamás.

Efigenia cruzó extranjero
en las rutas, y sin hablar,
le siguió, sin saberle nombre,
porque el hombre parece el mar.

Y Lucila, que hablaba a río,
a montaña y cañaveral,
en las lunas de la locura
recibió reino de verdad.

En las nubes contó diez hijos
y en los salares* su reinar,
en los ríos ha visto esposos
y su manto en la tempestad.

Pero en el valle de Elqui, donde
son cien montañas o son más,
cantan las otras que vinieron
y las que vienen cantarán:

«En la tierra seremos reinas,
y de verídico reinar,
y siendo grandes nuestros reinos,
llegaremos todas al mar.»

Glosario

Ajusco: cerro que domina la ciudad de México.

Amautas: entre los antiguos peruanos, sabio o anciano que posee autoridad moral y política.

Anáhuac: meseta volcánica próxima a México que toma su nombre del imperio azteca.

Arauco: región central de Chile, indios que habitaban en la región.

árbol de leche: planta de la zona septentrional de Sudamérica; su jugo es lechoso y azucarado.

árbol del pan: árbol cuyo fruto contiene una sustancia farinácea y sabrosa. Cocido se utiliza como alimento.

cedrón: planta olorosa y medicinal originaria de Perú, pero que se cría también en Chile, Argentina y Uruguay.

clavo de olor: especia aromática con forma de clavo. Es el capullo seco de la flor del clavero.

copal: árbol tropical del cual se extrae la resina del mismo nombre.

Copán: ciudad maya en Honduras.

Coyas: entre los antiguos peruanos, mujer del emperador, señora o princesa.

Elqui: departamento de Chile, provincia de Coquimba.

flor de la maravilla: girasol.

Guaitecas: grupo de islas pequeñas de Chile.

guayacán: árbol de América tropical. Su madera se llama palo santo.

jacarandá: árbol propio de América tropical que tiene unas flores azules.

Montegrande: pueblecito del valle de Elqui donde Gabriela Mistral dio clase por primera vez.

nopal: chumbera.

Olinalá: municipio del estado de Guerrero (México). Allí se hacen unas cajitas en madera de olor que se colorean y se decoran.

Pachacamac: ruinas famosas de una ciudad preincaica.

palo-rosa: árbol americano. Su madera roja con vetas negras es muy apreciada en ebanistería y empleada en pequeños muebles de lujo.

pino-ocote: variedad de pino muy resinoso que crece en México y Guatemala.

quetzal: ave trepadora propia de América tropical de colores vistosos.

Quetzalcoatl: nombre náhuatl de uno de los principales dioses mesoamericanos. Significa serpiente de plumas.

salares: salinas.

sancochada: en Chile, muy caliente, a punto de quemarse.

sierras mellizas: Sierra Madre Oriental y Sierra Madre Occidental.

Tihuantisuyo: nombre que se daba al imperio incaico en las leyendas.

troje: espacio limitado por tabiques para guardar los cereales.

vicuña: mamífero rumiante semejante al macho cabrío. Cubre su cuerpo con pelo largo, que es muy apreciado. Vive salvaje en los Andes de Perú y Bolivia.

vizcacha: roedor parecido a la liebre, de su tamaño y su pelaje y con cola tan larga como la del gato. Vive en Perú, Bolivia, Chile y Argentina.

ÚLTIMOS TÍTULOS PUBLICADOS